Bedingungslose Liebe ein K Zeiten der Transformation.

Inhaltsverzeichnis

10. Bedingungslose Liebe führt uns aus allen Begrenzungen.

11. Buddhismus, eine Weltanschauung, die Antworten gibt.

12. Widerstand reibt Dich auf.

13. Materielle Dinge sind nur ein kurzfristiger Glücksbringer.

14. Gedanken formen deine Wirklichkeit.

15. Durch Aufmerksamkeit und Substitution können wir unsere Gedanken transformieren.

16. Aufrichtiger Glaube erzeugt Wirklichkeit.

17. Die Erbsünde, ein Märchen.

18. Nimm alles so an, wie es ist.

19. Selbstliebe ist der erste Schritt zur bedingungslosen Liebe.

20. Das menschliche Ego ist der Auslöser für alles Leid.

21. Der Weg zur Befreiung führt von der Verstandesebene zur Herzenergie.

22. Marktwirtschaft pure entbehrt die soziale Verantwortung.

23. *Die freie Natur zeigt Dir Wege auf.*

24. *Erkenne Dich selbst, der Weg zu deiner Befreiung.*

25. *Der Weltfrieden beginnt bei Dir selbst.*

26. *Gelassenheit verbindet Dich mit deinem Inneren.*

27. *Dankbarkeit verändert dein Leben zum Positiven.*

28. *Mitgefühl ist ein wichtiger Baustein für eine bessere Welt.*

29. *Als ich mich selbst zu lieben begann von Charles Chaplin.*

Bedingungslose Liebe ein Königsweg in Zeiten der Transformation.

1. Veränderungen, die zu einer Zeitenwende auf der Erde führen.

Seit 2012 fließen immer stärker werdende Energien auf die Erde ein, die uns tiefe Einsichten bringen und durch die Schumann-Frequenzen sichtbar werden. Unsere äußere Welt ändert sich radikal in einem immer schnellerem Tempo. Immer mehr Menschen verzichten auf schädliche Genussmittel, geben das Rauchen auf und ernähren sich bewusster. Nichts scheint mehr so, wie es einmal war. Viele flüchten in Scheinwelten und glauben an Heilsbringer, die uns keine wirklichen Antworten auf das Chaos geben und unsere innere Zerrissenheit für ihre Interessen missbrauchen. Im Außen können wir keinen wahren Frieden und Erfüllung finden. Alle Wünsche und Träume, die sich in unserem Außen manifestieren, wie ein neues Auto, machen uns nur kurzzeitig glücklich. Unsere Bestimmung und wahren Frieden finden wir nur dann, wenn wir uns mit unserem Unterbewusstsein verbinden und dem Ruf unseres Herzens folgen. Wenn wir unsere Potenziale heben, können wir unsere Kraft neu ausrichten. Mit wachsendem Vertrauen kannst Du deine Berufung entdecken. In erster Linie verändert sich das, worauf Du deinen Fokus legst. Was Du ausstrahlst, kehrt zu Dir zurück. Das ganze Theater, das auf unserer Erde gespielt wird, definieren immer mehr Menschen als Täuschung. William Shakespiere hatte schon im 16. Jahrhundert die Eingebung "All the world is stage". Wir alle spielen eine Rolle in dem Theater, nur die Spielregeln werden unterschiedlich interpretiert. Eine andere Umgebung kann uns kurzfristig befreien. Flüchten ist zwecklos, wir haben uns immer selbst im Gepäck. Bleib immer bei Dir, vor Dir selbst kannst Du niemals weglaufen. Das Informationszeitalter bedeutet nicht, dass wir besser informiert sind. Fakt ist, wir werden mit Daten zugemüllt. Möglich ist auch, dass unser Erwachen die Mächtigen zu spät als Gefahr für sich erkennen und so aus Abhängigkeiten Freiheit entsteht. Wir befinden uns in einem Übergang in ein neues Zeitalter, wo zunächst die Schattenseiten ans Licht kommen. In unserer Leistungsgesellschaft stellen immer mehr Menschen fest, dass sie ein Leben führen, das nicht mehr ihren wahren Werten entspricht. Nur zu funktionieren, auf Autopilot ein Leben zu führen fernab von ihren Träumen und Wünschen bringt keine Erfüllung und keinen Sinn im Leben. Sichtbare Zeichen, wie weltweit auf einen Virus, mit dem Namen Covid-19 reagiert wurde, sind bzw. waren, Isolation, Maskenpflicht, Kontaktsperre, Lock Down von großen Teilen der Wirtschaft, massive Einschränkung von Grundrechten und Abstand halten. Es wurde Angst und Panik verbreitet, die einen Schockzustand in weiten Teilen der Bevölkerung ausgelöst hatten und weit über das Maß hinausgingen, als es durch das Corona Virus angemessen gewesen wäre.

2. Wir sind mit allem verbunden, was existiert.

Worauf es in diesen turbulenten Zeiten ankommt, ist zu erkennen, dass wir alle miteinander verbunden sind. Ein Großteil der Menschen hat noch nicht erkannt, dass unser wahres Selbst eins ist mit dem göttlichen Funken, den jeder Mensch in seinem Inneren trägt. Das offenbart uns auch, dass jeder Mensch wichtig ist und eine tiefere Berufung hat. Die Berufung wird als Seelenplan bezeichnet, der darauf wartet in die Umsetzung zu kommen. Was wir brauchen ist Gesundheit, Lebensfreude und vor allen Dingen Liebe. Liebe ist der Schlüssel für unser Leben. Liebe vereint uns wieder mit der Quelle, die alles erschaffen hat, die aus Licht, Energie und reiner Liebe besteht. Es spielt keine Rolle, ob wir unsere Urkraft als Gott, Energie, Licht, das Universum bezeichnen, oder andere Begriffe dafür verwenden, alle Namen sind richtig, wenn sie für uns stimmig sind. Im Grunde genommen wurden wir niemals von dieser Kraft getrennt. Diese Verbindung ist infolge der Lebensereignisse immer verschwommener und schließlich unsichtbar geworden. Wenn wir wieder zur Erkenntnis der Einheit mit unserer Urquelle gelangen und wir uns dem göttlichen Einströmen bedingungslos öffnen, ändert sich unser Leben radikal und nichts kann uns mehr von diesem Weg abbringen. Wenn wir unsere Einheit und den Zusammenhang mit dem unendlichen Geist in uns erkennen und durch uns wirken lassen, kommen wir in Harmonie mit dem gesamten Universum. Wir werden uns als Schöpfer unserer Realität bewusst und leben in Einklang mit den ewigen Gesetzen und Kräften des Universums. Die Wirkungen dieser Offenbarungen und Kräfte in uns weisen den Menschen, mit denen wir in Kontakt kommen, die Bestimmung für ihr eigenes Leben. Auch wenn die Urenergie durch uns offen wirkt, bleiben wir bis zum Ablegen der Hülle, unseres Körpers, ein Mensch. Der unsterbliche Teil von uns Menschen wird als Seele bezeichnet. Menschen, die uns nahestehen, sterben nicht wirklich, sie leben in unserer Erinnerung weiter. Keine Macht auf Erden kann uns Schranken auferlegen, die einzigen Schranken, die es für uns gibt, liegen in uns selbst. Nur die Liebe zählt, jeder ist selbst schuld, wer was anderes wählt. Alles Leben ist endlich. Neues Leben entsteht und vergeht. Die einzige Konstante in unserem Leben ist die Veränderung. Ja zu Sagen zum gegenwärtigen Moment ist der erste Schritt in das Hier und Jetzt. Wenn wir die Kräfte der tiefen Verbundenheit mit allen Lebewesen durch uns fließen lassen, kommen wir in Fluss und finden einen tiefen Frieden. Durch das Erkennen, dass wir alle füreinander da sind entsteht Heilung und der Weg in eine bessere Welt wird fühlbar wodurch Mitgefühl und Menschlichkeit sich vermehren und ausbreiten.

3. Nur im Augenblick leben wir wirklich.

Wer nicht lernt das Hier und Jetzt, also den Augenblick, zu genießen, der wird ungenießbar. Buddha hat das Leben als eine Aneinanderreihung von Augenblicken erkannt. Er hat es wie folgt definiert: „Vergangene Liebe ist bloß Erinnerung. Zukünftige Liebe ist ein Traum und ein Wunsch. Nur in der Gegenwart, im Hier und heute, leben wir wirklich".

Es lebe der Augenblick *(Auszug aus meinem Gedichtband "Dicht")*

Alles Leben ist vergänglich, durch die Geburt bekommen wir lebenslänglich.

Lebenslänglich dauert vielleicht Stunden, manchmal nur Sekunden.

Andere werden 100 Jahre, bis sie liegen auf der Bahre.

Wann man letztlich sterben muss, weiß kein Mensch, plötzlich ist Schluss.

Der Tod gehört zum Leben, so ist es eben.

Sicher ist, es gibt ein Leben vor dem Tod, darum genießt es, selbst in Not.

Auch mit allem Geld der Welt auf einem Haufen lässt sich Lebenszeit nicht kaufen.

Wir leben stets von Augenblick zu Augenblick und dieser Augenblick kehrt nie zurück.

Die Vergangenheit ist vorbei und die Zukunft hat noch nicht begonnen, unsere Zeit ist schnell verronnen.

Wahres Leben ereignet sich nur im Hier und Jetzt, darum lebt den Augenblick, wertgeschätzt.

Packt alles in den Augenblick, es ist der Weg zu wahrem Lebensglück.

Immer bewusst im Augenblick leben, ist für uns der größte Segen.

Nimm Dich in jedem Moment deines Lebens so an wie Du bist. Verstelle Dich nicht, sei Du selbst. Bleibe immer authentisch, dann bist Du offen und frei für wahres Wachstum. In jeder Sekunde unseres Lebens erschaffen wir Neues. Wirklich präsent bist Du immer nur im gegenwärtigen Augenblick.

4. Lebensenergien, die uns auf eine höhere Bewusstseins Stufe führen.

Wir müssen wieder wie die Kinder werden, bedeutet im Moment zu leben. Leben heißt auch, Du musst lernen und Erfahrungen sammeln ein Leben lang, denn wenn Du nicht mehr lernst, dann lebst Du nicht mehr lang. Wenn wir aus unseren Fehlern lernen und sie nicht ständig wiederholen, sind sie die besten Lehrmeister für unser weiteres Leben. Der Weg führt zurück zur Natur, auch wenn es für viele unbequem ist, wir müssen diesen Weg zu Fuß beschreiten. Nur dort, wo wir uns zu Fuß geerdet haben, waren wir wirklich, mit allen unseren Sinnen. Meist verhindern innere Blockaden uns selbst zu verwirklichen. Hinter jeder Blockade steckt eine Emotion. Wir müssen die Emotion lösen, dann verschwindet die Blockade. Grundsätzlich ist es richtig, wenn wir unseren Fokus auf das ausrichten, was bei uns funktioniert. Wenn wir unsere Lebensenergie auf einen höheren Level bringen, dann erfolgt Heilung automatisch. Lebendig sein, bewegen, berühren, lauschen, bewusst atmen, so spüren wir die Verbundenheit mit dem eigenen Körper. Spazieren gehen, Sport treiben, so viel wie möglich sich in der freien Natur aufhalten, hält deinen Körper und deinen Geist jung und gesund. Schon allein, wenn wir im Alltag mehr lächeln spüren wir Befreiung. Du kannst niemals den Anderen alles rechtmachen. Scher Dich ein Dreck darum, was andere über Dich denken, wenn Du ein Leben nach deinen Vorstellungen führen willst. Überprüfe deine Überzeugungen ständig um zu erkennen, ob sie noch gültig für Dich sind. Oft sind wir in uralten Programmen tief verwurzelt, die hinderlich für unsere Entwicklung sind. Wir glauben an falsche Wahrheiten, die von anderen stammen. Auch wenn diese Dinge oft gut gemeint sind, sie helfen Dir in deinem Leben nicht weiter, im Gegenteil, dadurch wirst Du immer stärker blockiert. Vertraue Dir selbst, viel wichtiger ist für deine Entwicklung, was Du selbst über Dich denkst. Fast alle Menschen leben chronisch unter ihrem Potenzial. Du gelangst zu höheren Einsichten, wenn Du Dir selbst die Fragen immer wieder stellst, was sind meine Werte, was ist mir wichtig und was kann ich jetzt tun. Wir nehmen viele Dinge gar nicht mehr wahr. Oft sehen wir den Wald vor lauter Bäumen nicht mehr. Wir müssen versuchen, aus unserem Automatismus heraus zu kommen und beispielsweise einen anderen Weg zur Arbeit nehmen. Wenn wir ins unserer Komfortzone verharren, können wir nicht aus dem Meer der Möglichkeiten schöpfen. Sind wir zufrieden, verlieren wir den Anspruch zu wachsen. Wenn wir im Hamsterrad gefangen sind, ist das belastend für uns und wir sind mit der bestehenden Situation unzufrieden. Wir schöpfen Kraft aus Dingen, wo wir erkannt haben, dass wir etwas verändern müssen. Leider kommen die meisten Menschen erst nach Schicksalsschlägen ins Handeln.

Anstatt uns einzureden, warum wir gewisse Dinge nicht erreichen können, sollten wir uns fragen, was kann ich tun damit ich das erreiche wovon ich träume. Entscheide Dich dafür wieder deine Träume zu leben. Niemand anderer ist schuld, Du bist für dein Leben selbst verantwortlich. Deine Entscheidungen bestimmen die Qualität deines Lebens. Den Preis dafür bezahlst alleine Du, im positiven, wie auch im negativen Sinn. Spaß darf im Leben nicht zu kurz kommen. Öfter sich was gönnen und das tun, was Dir Freude bereitet in dem Bewusstsein, dass es Dir gut tut, schafft Lebensfreude.

5. Nachhaltigkeit ist unerlässlich um überhaupt noch eine Zukunft auf Erden zu erleben.

Das vor den Schranken der Justiz alle gleich sind, ist reine Augenauswischerei. Begüterte können sich teure Anwälte leisten, die das Recht oft absurdum führen. Politiker vertreten nur mehr Parteiinteressen. Wenn Politiker ihrem Gewissen folgen, werden sie von der Partei kaltgestellt und für die nächsten Wahlen nicht mehr nominiert. Abhängigkeiten sorgen dafür, dass eine freie Presse Wunschdenken geworden ist. Wir glauben an das, was uns abhängige Mainstream Medien als Wahrheit verkaufen, ohne einen Faktencheck vorzunehmen. Echtes Vertrauen findest Du niemals im Außen, sondern nur in Dir selbst, in deinem Inneren.

Wenn wir endlich verstehen, dass wir alle miteinander verbunden sind, werden die negativen Verhaltensweisen aus über 2000 Jahren Menschheitsgeschichte wie Mord, Hass und Neid aus unserem Denken verschwinden. Kriege sind dann ein Relikt aus vergangenen Zeiten und goldene Zeiten brechen an, wenn wir uns auf Erden verbinden statt bekriegen. Da wir alle geistigen Wesen und in einem menschlichen Körper inkarniert worden sind, haben wir das Privileg Gast auf Erden zu sein.

Leider sind wir keine guten Gäste, denn wir haben unseren Planeten nahe an den Abgrund geführt. Gerade dass, womit wir unsere Erde und alle darauf befindlichen Lebewesen quälen, sind unsere Spezialdisziplinen geworden. Unser Denken und Handeln müssen wir dringend auf Nachhaltigkeit neu justieren. Wir müssen unsere "Wegwerf-Mentalität" dringend verändern und all das recyceln, was machbar ist. Ein weltweites Verbot von Plastikmüll ist überfällig. Wir erzeugen immer größere Müllberge, weil es kostengünstiger ist Dinge zu entsorgen, statt sie zu reparieren. Damit halten wir den Konsumzwang am Laufen. Außerdem entziehen wir uns der Verantwortung, wenn wir unseren Müll in Länder der sogenannten "Dritten Welt" transportieren. Wir haben nur eine Welt, weshalb der Ausdruck Dritte Welt im Grunde genommen unpassend ist. In den ärmeren Ländern fehlt meist die technische Ausrüstung und das "Know-how" um unseren Wohlstandsmüll sachgerecht zu recyceln oder einer Entsorgung zuzuführen und dabei die gesundheitlichen Risiken zu minimieren. Wir versiegeln mit Beton immer größere Flächen und sorgen dafür, dass die Erde darunter erstickt, nicht mehr atmen und keinen Regen mehr aufnehmen kann. Immer größere Müllhalden und das Produzieren und Konsumieren von überflüssigen Waren zeugen davon, dass wir nicht verstanden haben bewusst zu leben, um unserem wundervollen Planeten Erde gerecht zu werden. Wir lassen es zu, dass in unsere Böden Pestizide gelangen und durch die Überdüngung in der Landwirtschaft ein immer gefährlicherer Mangel an Nitraten entsteht. Selbst den wichtigsten Lebensspender, das Trinkwasser, vergiften wir und gefährden in höchstem Maße die Grundwasserversorgung für eine wachsende Weltbevölkerung. Wir verkaufen Wasserrechte an multinationale Konzerne, machen die Menschen abhängig und reines Trinkwasser zum Spekulationsobjekt. Die industrielle Tierhaltung ist ein Verbrechen an Lebewesen und es wird dabei Fleisch erzeugt, dass uns krank macht. Verantwortliches Handeln ist das Gebot der Stunde, wenn wir unseren Nachkommen noch eine lebenswerte Zukunft ermöglichen wollen. Wir leben so, als gäbe es kein Morgen und hinterlassen unseren Nachkommen eine vergiftete Erde.

Von den Interessen der Pharmaindustrie müssen wir uns endlich befreien. Das Geschäftsmodell dieser gesundheitsgefährdenden Konzerne ist nicht die Heilung der Menschheit von Krankheiten, sondern sie beruht auf Gewinnmaximierung. Dafür nehmen sie den Tod und lebenslanges Siechtum vieler Menschen in Kauf. Die Lobbyisten der Öl- und Papierindustrie haben ihren Beitrag geleistet, dass Naturheilkräuter, wie Marihuana, verboten wurden und gefährliche Drogen, wie Alkohol, die unsagbares Leid verursachen, legal sind. Allmählich findet hier ein

Bewusstseinswandel statt und die medizinische Verwendung von Cannabis zur Heilung verschiedener Krebsarten und anderen Krankheiten wird immer selbstverständlicher und ist auf dem besten Weg weltweit zugelassen zu werden. Die Nebenwirkungen und Abhängigkeiten von chemischen Substanzen, die sie uns als Medizin verkaufen, töten unzählige Menschen oder verhindern ein menschenwürdiges Dasein. Die Selbstheilungskräfte unseres Körpers zu erwecken ist die wirksamste Medizin, die es auf Erden gibt und ist frei von Nebenwirkungen. Selbstheilung kommt jedoch nicht von selbst, wir müssen etwas tun um die Selbstheilungskräfte in uns zu aktivieren. Du musst raus aus deiner Komfortzone. Du musst Dich bewusst ernähren und am besten auf chemische Substanzen ganz verzichten. Du musst deine Existenzängste überwinden, tiefes Vertrauen leben und vor allen Dingen den Sinn deines Lebens wiederentdecken. Jede Zelle deines Körpers hat ein eigenes Bewusstsein. Nimm bewusst Kontakt zu deinen Körperzellen auf, höre in sie hinein und sende ihnen Kraft und Energie, womit Du deine Gesundheit wiederherstellen kannst. Auch viele westliche Heilmethoden sind zweifellos eine Bereicherung für die Gesundheit der Menschheit. Doch westliche, pharmazeutische Produkte bringen nie eine ganzheitliche Heilung, es werden lediglich die Symptome einer Krankheit bekämpft. Fast alle Krankheiten sind psychosomatischer Natur. Es ist ein Skandal und ein Armutszeugnis für die Schulmedizin, dass die Psyche der Menschen für die Heilung von Krankheiten kaum eine Rolle spielt. Dabei ist es eine Binsenweisheit, dass die meisten Krankheiten in der Psyche der Menschen ihren Ursprung haben und Psyche und Körper niemals getrennt sind. Auch die Wirkung des Placebo-Effektes wurde längst durch wissenschaftliche Studien nachgewiesen. Trotzdem gibt es kaum eine Behandlung in der westlichen Medizin, die der enormen Bedeutung der Psyche bei den Heilmethoden gerecht wird. Sogar unsere Krankenhäuser wurden auf das Gewinnstreben ausgerichtet. Kein Wunder ist es daher, dass Krankenhäuser wie Fabriken organisiert sind, wo jegliche menschliche Wärme fehlt. Dabei sind Wärme und Zuwendung für Menschen gerade in Notsituationen, wo es um Leben und Tod geht, unerlässlich. Leider stehen die Mitarbeiter in Krankenhäusern unter einem enormen Zeit- und Termindruck, was sich in der Folge negativ auf die Psyche der Patienten auswirkt.

"Das Leben ist kein Problem, das es zu lösen gibt, sondern eine Wirklichkeit, die es zu erfahren gilt". Quelle Buddha Zitate

6. Befreie Dich von den Fesseln der Angst.

Angst fesselt uns und führt zum Versagen. In unserer Zeit wird viel Angst und Panik verbreitet, um die Menschen abhängiger zu machen und die Interessen von Politik und Wirtschaft einfacher umzusetzen. Befreie Dich von allen Fesseln, lass deine Angst los und Du wirst erfolgreich und groß. Lässt Du Dich auf Angst, den schlechtesten Berater den es gibt ein, bleibst Du erfolglos und klein. In jedem von uns steckt ein unvorstellbares Potenzial. Befreie Dich von deiner Qual – Angst loslassen – Mut fassen und ins Handeln kommen und alle deine Wünsche und Träume werden wahr. Hab keine Angst, die Nebenwirkungen wie Erfolg, Fülle, Liebe, Selbstbewusstsein und vieles mehr sind tragbar. Frei von Angst zu leben, und die Erde wird beben, sie macht Dir den Weg frei, sei dabei! Je mehr Angst von Dir entweicht, umso leichter erkennst Du, was Du alles erreichen kannst. Du verträumst nicht mehr dein Leben, Du lebst dann deinen Traum - frei, voller Erfolg und Glück. Wenn wir unter Angst handeln, reagieren wir nur mehr statt zu agieren und überlassen die Gestaltung anderen. Oft kostet es uns große Überwindung etwas zu tun, wovor wir Angst haben. Dabei gibt es kaum eine größere Befreiung und ein größeres Glück als deine Angst zu besiegen und etwas zu wagen. Spaltung und Ausgrenzung führt zu Verhalten, dass fast die gesamte Menschheit in einem Albtraum gefangen hält. Mit mehr Mitmenschlichkeit, Liebe und Freundschaft zwischen allen Menschen schaffen wir eine bessere Welt. Angst entwickelt Automatismen, die häufig gewohnheitsmäßig ablaufen. Neue Wege gehen, altes Loslassen, mindestens einmal pro Jahr dorthin gehen, wo Du noch nie warst, erweitert deinen Horizont. Neues beginnen, andere Sprachen lernen, es gibt unendliche Möglichkeiten dein Bewusstsein zu erweitern. Wer bereit ist, sich dem Neuen hinzugeben, der erlebt eine Verwandlung. Komm ins Handeln, befreie Dich von allen Ängsten. Mit neuen Erfahrungen kannst Du deine Ängste besiegen. Tu, was Du willst, aber nicht, weil Du glaubst Du musst das tun. Ängste können durch Konfrontation überwunden werden. Spring über deinen Schatten, wenn Du trotz deiner Angst ins Handeln kommst, steigt dein Selbstvertrauen und verleiht Dir die Kraft und Energie die Du zur erfolgreichen Bewältigung deiner Angst brauchst. Lernen kann ich alles Mögliche. Viel tiefgreifender sind Erfahrungen, die gehen buchstäblich unter die Haut. In jedem Anfang steckt ein Wunder. Den Mut haben zu springen ist eine der wichtigsten Entscheidungen, die Du für dein Leben treffen kannst.

Wir können die Welt verändern, was nur mit dem Mut zur Wahrheit verwirklicht werden kann. Erst müssen wir jedoch die Wahrheit erkennen. Die Mehrheit der Menschen ist noch zutiefst verblendet und sieht nur das Dollarzeichen als wahren Wert. Die wichtigsten Werte im Leben kann man mit Geld nicht bezahlen wie Gesundheit, Liebe oder Freundschaft.

Angst ist eine Illusion. Wenn es uns gelingt, hinter der Angst unsere wahre Bestimmung, die Liebe zu entdecken, verlieren wir alle Ängste. Wenn Du mit Dir selbst im Reinen bist, verlierst Du jede Angst.

Angst hat keine wirkliche Macht, Angst ist Entmachtung und das Gegenteil von Liebe. Wir können die Angst nur überwinden wenn wir die Macht der Liebe dagegen stellen.

7. Geistiges Wachstum ist mit eigenen Erfahrungen verknüpft.

Wir sind auf Erden um anderen zu helfen, miteinander zu reden, zuhören und respektvoll miteinander umzugehen. Alles, was wir mit aufrichtiger Liebe anpacken, wird gelingen. Allumfassende Liebe verleiht uns Power und setzt die Energie frei um ein Leben nach unseren Vorstellungen zu realisieren. Oft wollen wir, insbesondere unsere Kinder, von allem Schmerz und den Unannehmlichkeiten des Lebens schützen. Doch jeder Mensch muss eigene Erfahrungen sammeln. Wie soll inneres Wachstum generiert werden, wenn wir problematische Erfahrungen bei unseren Kindern verhindern oder im Keim ersticken? Alles, was ich erlebe ist ein Teil von mir. Wenn wir etwas lernen wollen, ist das Wichtigste, das wir motiviert sind. Nur dann lernen wir erfolgreich, leicht und gerne. Es macht wenig Sinn Dinge zu lernen, die uns unter Zwang verordnet werden und keine Freude am Lernen wecken.

Auch nach schweren Schicksalsschlägen geht das Leben einfach weiter als wäre nichts passiert. Nichts ist danach mehr wie vorher. Nach einer angemessenen Trauerphase heilt die Zeit fast alle Wunden und es ist nun die beste Gelegenheit in ein neues Leben zu starten. Lebenskrisen sind jedoch im Grunde genommen nichts anderes als Wahrnehmungskrisen. In jeder Krise steckt auch eine Chance. Jede Qual trägt Potenzial für Wachstum in sich. Unser Leben besteht aus Höhen und Tiefen. Wenn wir ganz unten sind, steht ein Hoch unmittelbar bevor. Gib niemals auf, auch wenn momentan alles schief in deinem Leben läuft. Das Licht am Ende des Tunnels verleiht Dir die Kraft deinen eigenen Weg fortzusetzen. Der Erfolg folgt deinen Bemühungen. Wenn Du mittendrin aufgibst wirst Du niemals das Gefühl kennenlernen, wie es ist etwas geschafft zu haben. Mache eine Bestandsaufnahme, was Dir zu deinem Glück noch fehlt. Um zu mehr Mut und Selbstvertrauen zu gelangen mach Dir bewusst, was Du schon alles in deinem Leben an positiven Dingen erreicht hast.

„Zu den Idealen, die einen Menschen über sich selbst und seine Umwelt hinausheben können, gehört die Ausschaltung weltlicher Begierden, Ausmerzung von Trägheit und Verschlafenheit, Eitelkeit und Geringschätzung, Überwinden von Ängstlichkeit und Unruhe sowie Verzicht auf fehlgeleitete Wünsche". Quelle Buddha Zitate

 Eine Partnerschaft kann aus vielen Gründen enden. Liebt man seinen Partner bedingungslos, kann selbst der Tod eines Partners diese Liebe nicht beenden. Eine liebende Handlung kann auch das Befreien aus einer unglücklichen Partnerschaft sein, wo Du schlecht behandelt worden bist. Nichts im Leben passiert sinnlos, auch wenn wir den Sinn oft erst Jahre später erkennen. Zufälle gibt es nicht, wenn etwas reif ist, fällt es uns zu. Frage Dich was Dir entspricht, wo deine Interessen liegen und was Dich fasziniert. Begebe Dich auf Wege, die Dir selbst gerecht werden. Folge deinen tiefsten Wünschen und übe einen Beruf aus, der deiner Berufung entspricht.

8. Aus Deinem Verhalten entwickelt sich dein Karma.

„Alles, was wir aussäen kehrt in irgendeiner Form in unser Leben zurück. In der buddhistischen sowie der hinduistischen Religion gibt es dafür den Begriff "Karma" was so viel bedeutet wie "machen, tun" oder auch "Rad". Karma soll maßgeblich dafür verantwortlich sein, was mit deiner Seele geschieht und wie Du von anderen behandelt wirst. Karma bedeutet im Prinzip nur, dass Du das bekommst, was Du selber an andere Personen weitergibst. Wenn Du also schlechte Dinge tust, wirst Du auch im weiteren Verlauf deines Lebens schlechte Erfahrungen sammeln. Bereicherst Du dein Leben durch positive Taten, wirst Du auch Gutes erfahren. Wenn Du eigennützig handelst, wird das für Dich im weiteren Verlauf deines Lebens Nachteile bringen. Auch das Sprichwort "Was Du nicht willst, was man Dir tu, das füg' auch keinem anderen zu." fasst das Prinzip und die Bedeutung des Karma treffend zusammen. Das Karma soll Dir helfen, andere Menschen zu unterstützen und dabei auch mal uneigennützig zu handeln". Quelle Chip

Auch das Karma ist an bestimmte Gesetzmäßigkeiten gebunden. Wenn Du Roggen säst, wirst Du auch Roggen ernten. Ist die Zeit dafür reif, kann die Ernte eingefahren werden. Der richtige Zeitpunkt ist wichtig. Ernten wir zu früh oder zu spät kann das Optimum niemals erreicht werden. Mit unseren Entscheidungen, die wir in unserem Leben zu treffen haben, verhält es sich genauso. Wir spüren den richtigen Zeitpunkt und müssen ins Handeln kommen, wenn die Zeit reif ist, sonst bleibt wahrer Erfolg auf der Strecke liegen.

Es ist nicht alles vorherbestimmt, wir bestimmen unsere Zukunft selbst durch unser vergangenes und jetziges Denken und Handeln. Was wir im Außen wahrnehmen, ist nur ein Spiegelbild unseres Selbst. Buddhisten glauben an die Wiedergeburt. Dein Karma kann nach der buddhistischen Lehre daher auch in einem früheren Leben begründet sein. Da alle unsere Handlungen Folgen nach sich ziehen, lässt sich ein Karma auch nicht verhindern. Es soll Dich wieder in die Balance bringen und ist ein Ausgleich für Dein Wirken auf Erden. Es bedeutet, dass nicht nur deine negativen Taten in irgendeiner Form auf Dich zurückfallen, sondern ebenso deine positiven Handlungen. Der Ausgleich findet in Dir selbst statt, hat also keinen Bezug auf weltliche Gesetze und Regelungen. Die christliche Lehre geht davon aus, dass es keine Reinkarnation gibt, daher hat das Karma hier keine Bedeutung. Deine Realität kannst Du jederzeit ändern, indem Du andere Ursachen setzt.

9. Loslassen macht frei.

Nur wenn wir lernen loszulassen, können wir unser Leben wieder in vollen Zügen genießen. Unstillbares Verlangen kann nur durch Loslassen geheilt werden. Das Verlangen entführt uns immer wieder aus der Gegenwart und weckt Impulse zum Ergreifen und Festhalten. Loslassen fällt den meisten Menschen schwer. Wir können durch konkrete Formen des Loslassens verstehen wie Akzeptanz, Großzügigkeit, Dankbarkeit, Hilfsbereitschaft, Bescheidenheit und Mitgefühl unser aller Dasein bereichert.

Wir müssen ebenso unseren Geist aufräumen. Loslassen schafft Raum für Neues. Vertraute Dinge wollen wir festhalten, die uns in Stagnation gefangen halten. Stagnation ist ein Rückschritt, es heißt nicht umsonst, wer rastet, der rostet. Loslassen führt viele positive Seiten mit sich, weil Du dann die Verantwortung für dein Leben selbst bestimmst. Negative Erlebnisse belasten uns oft stundenlang. Kinder weinen nur kurz über negative Erlebnisse und lassen das Erlebte schnell wieder los und sind dann wieder ganz bei sich selbst im Hier und Jetzt. Der Teil deines Selbst, den Du loslässt, stirbt und es entsteht daraus Leere, die neuen Freiraum erzeugt. Wenn wir etwas materialisieren wollen, ist es am wirkungsvollsten, die Sache erst einmal loszulassen, in dem Vertrauen, dass die Realisierung sicher eintritt.

"Du kannst nicht das nächste Kapitel deines Lebens beginnen, wenn Du ständig den letzten Abschnitt wiederholst". Quelle Albert Einstein

10. Bedingungslose Liebe führt uns aus allen Begrenzungen.

Wer Bedingungen für die Liebe stellt, hat meiner Meinung nach überhaupt nicht verstanden, was Liebe ist. Entweder liebe ich jemanden oder etwas, mit allen seinen Fehlern und Schwächen, oder ich gebe nur vor zu lieben. Jede Begrenzung liefert doch den Beweis, dass ich nicht wirklich liebe. "Wenn ... dann" ist sicher alles andere, nur keine wahre Liebe. Dazu fällt mir der Titel eines Romans von Johannes Mario Simmel ein, der die ganze Fehlinterpretation über Liebe ausdrückt "Liebe ist nur ein Wort". Nein, wahre Liebe ist mit die stärkste Kraft und Schwingung im Universum, die unsere Verbindung wieder manifestieren kann. Liebe ist im übertragenen Sinn eine Himmelsmacht. Himmel und Hölle existieren meiner Meinung nach nicht, sie sind eine Erfindung der Weltreligionen, um ihre Schäfchen bei der Stange zu halten. Man kann zwar den Himmel oder die Hölle erfahren, aber nur im irdischen Dasein. Wer bedingungslos liebt, hat erkannt, dass wir alle Eins sind, für Spaltung oder Trennung bleibt da kein Platz. Wenn Du wirklich liebst, schließt das alle Lebewesen mit ein. Jesus Christus hat es auf den Punkt gebracht mit seiner Aussage "Liebe deine Feinde und tue denen Gutes, die Dich hassen. Wenn jemand Dir eine Ohrfeige gibt, dann halte die andere Wange auch noch hin". Wenn Du bedingungslos liebst, kannst Du jeden Schmerz überwinden. Unsere Feinde sollten wir niemals hassen, da wir die Beweggründe für ihr Handeln meist nicht wissen. Wenn wir auf Hass und Gewalt mit gleicher Münze reagieren, sind wir nicht besser als unsere Feinde. Gewalt erzeugt nur wieder Gewalt und diese Spirale wird sich ewig fortsetzen. Reagieren wir auf Hass mit Liebe dann hat die Spirale ihr Ende erreicht. Buddha teilt diese Ansicht. Seine Worte lauteten: "Niemals in der Welt hört Hass durch Hass auf. Hass hört durch Liebe auf".

„ Nächstenliebe lebt mit tausend Seelen, Egoismus mit einer einzigen, und die ist erbärmlich". Quelle Marie von Ebner-Eschenbach

„Wer seinen Nächsten verurteilt, der kann irren. Wer ihm verzeiht, der irrt nie". Quelle Karl Heinrich Waggerl Den Splitter im Auge der Anderen sehen wir, nicht aber den Balken im eigenen Auge.

"Niemand wird mit dem Hass auf andere Menschen wegen ihrer Hautfarbe, ethnischen Herkunft oder Religion geboren. Hass wird gelernt. Und wenn man Hass lernen kann, kann man auch lernen zu lieben. Denn Liebe ist ein viel natürlicheres Empfinden im Herzen eines Menschen als ihr Gegenteil". Quelle Nelson Mandela

11. Buddhismus, eine Weltanschauung, die Antworten gibt.

Der Buddhismus basiert auf den edlen vier Wahrheiten und dem edlen achtfachen Pfad. Die erste Edle Wahrheit lautet, unser Leben ist von Leid geprägt. Dass dieses Leid durch Hass, Gier und Verblendung erzeugt wird, ist die zweite edle Wahrheit. Durch die Vermeidung von Hass, Gier und Verblendung kann kein neues Leid entstehen, was der dritten Edlen Wahrheit entspricht. Die vierte Edle Wahrheit ist, dass das Mittel zur Vermeidung von Leid durch den edlen, achtfachen Pfad erreicht wird.

Der edle achtfache Pfad setzt sich aus rechter Erkenntnis, rechter Gesinnung, rechter Rede, rechtem Handeln, rechtem Lebenswandel, rechtem Streben, rechter Achtsamkeit und rechter Meditation zusammen.

Rechte Erkenntnis setzt sich mit den Ursachen des Kreislaufes der Wiedergeburt und dessen Überwindung auseinander. Rechte Gesinnung schließt ein, dass wir unsere Gedanken ständig überprüfen. Handelt es sich um einen heilvollen Gedanken oder um einen Leid erzeugenden, unheilsamen Gedanken. Rechte Rede hat keinen Platz für Lügen, Beleidigungen oder Geschwätz.

Rechtes Handeln kennt kein Töten oder sinnliche Ausschweifungen. Rechter Lebenswandel bedeutet keinem anderen zu schaden. Mit anderen teilen und keinen Handel mit Lebewesen, Fleisch, Waffen oder Rauschmitteln betreiben. Rechtes Streben ist, wenn wir Bilder des Hasses, Gier oder Verblendung durch heilsame Gedanken austauschen. Rechte Achtsamkeit ist bewusst im Hier und Jetzt zu leben mit Wahrnehmung aller Körperfunktionen. Rechte Meditation wird mit der Konzentration auf ein Objekt erreicht. Der Geist soll von Gedanken befreit werden und zur Ruhe kommen.

Wer es schafft sich immer an die Regeln des achtfachen Pfades zu halten, wird nach dem buddhistischen Glauben vom Leid erlöst und erleuchtet. Er wird damit selbst ein Buddha. Sein Geist wird von allen Wiedergeburten befreit und findet seine Erlösung im Nirwana. Das Symbol des Dharma Rades mit seinen acht Speichen steht für die acht Regeln des achtfachen Pfades.

Buddhismus ist umfassender als jede andere Religion und kennt keinen Götterkult. Buddhismus ist eine Weltanschauung.

Siddhartha Gaumata wollte nie, dass seine Anhänger ihm alles glauben und blind vertrauen.

"Glaube nichts, weil ein Weiser es gesagt hat.

Glaube nichts, weil alle es Glauben.

Glaube nichts, weil es geschrieben steht.

Glaube nichts, weil es als heilig gilt.

Glaube nichts, weil es ein anderer glaubt.

Glaube nur das, was Du selbst als wahr erkannt hast". Quelle Buddha Zitate zum Nachdenken.

Wo Licht ist, ist auch Schatten. Wenn wir extreme Positionen einnehmen, verlieren wir unsere Mitte. Wir meditieren um die Mitte zu finden (Medi kommt von Mitte). Buddha empfiehlt den mittleren Weg, der besagt, dass wir extreme Positionen vermeiden sollen. Alles ist in uns und wir sind mit allem Eins. Alles was wir bekämpfen kehrt zu uns zurück. Ob positiv oder negativ, alles worauf wir unserem Fokus ausrichten, das wird verstärkt.

12. Widerstand reibt Dich auf.

Mit Widerstand verhält es sich genauso, Widerstand kreiert Widerstand. Am besten ist es die Dinge erst einmal so anzunehmen wie sie sind. Wenn wir beispielsweise Gedanken des Hasses durch Liebe ersetzen, spüren wir wie der Hass langsam aus unserem Denken tritt und stattdessen Raum für die Liebe geschaffen wird. Widerstand aufgeben ist keine Schwäche, im Gegenteil, indem Du die Dinge zunächst annimmst und Alternativen entwickelst wirst Du frei für Lösungen. Durch Widerstand reibst Du dich nur unnötig auf. Unsere Welt ist ein Meer voller Möglichkeiten. Wenn Dir etwas auf eine Art nicht gelingt, versuche es einfach auf eine andere Art, solange bis Du Erfolg hast. Steh auf, eine Niederlage ist kein Grund zur Panik, mit der richtigen Einstellung gehst Du gestärkt aus ihr hervor. Ein

Kind das Laufen lernt und hinfällt gibt auch nicht auf, es probiert es so lange bis es schließlich Erfolg hat. Filter, Konzepte, Meinungen, Glaubenssätze hindern uns die Wahrheit zu erkennen. "Wir können den Wind nicht ändern, aber unsere Segel anders setzen". Quelle Aristoteles Überwindung der Polarität zeigt Dir den Sinn des Lebens auf. Polarität ist immer eins, nicht getrennt, sie ist wie Ebbe und Flut. Immer geschieht alles gleichzeitig. Tag und Nacht auf verschiedenen Erdteilen oder Wärme und Kälte, nie kannst Du beides gleichzeitig sehen oder fühlen. Glücksgefühle kehren ein, wenn Du ganz bei Dir bist. Wenn Du beispielsweise nur stumm über das Meer blickst, kannst Du Dich unbeschreiblich glücklich und frei fühlen.

Du bist so wie die wichtigsten Menschen in deinem Umfeld. Lasse in dein Umfeld keine Energieräuber, sondern Menschen die Dir Kraft und Energie geben. Wenn Dich die täglichen Nachrichten im Fernsehen belasten, verzichte darauf. Wichtige Informationen erfährst Du auch über andere Kommunikationswege. Die meisten negativen Berichte spielen für dein Leben keine Rolle, sie belasten Dich nur.

13. Materielle Dinge sind nur ein kurzfristiger Glücksbringer.

Glück hat wenig mit materiellem Wohlstand zu tun. Eine Studie hat ergeben, dass in Bhutan, einem der ärmsten Länder unserer Welt, die glücklichsten Menschen leben. Totale Präsenz führt zu heiterer Gelassenheit. Gleichmut bedeutet die Dinge nicht zu unterscheiden. Alles ist perfekt wie es ist. Nur die Bedeutung, die wir den Dingen geben, macht den Unterschied. Befasse Dich mehr mit deinen Stärken und weniger mit deinen Schwächen. Nimm Dir regelmäßig Zeit für Dich selbst, wo Du alleine und ungestört Kraft für deine Lebensaufgaben schöpfen kannst. Unsere Lebenskraft ist das, was uns am Leben erhält. Wenn wir materiellen Reichtum suchen, geschieht das aus einem Mangel. Fülle macht uns sofort glücklich, wenn wir uns darauf einlassen.

Geld regiert die Welt. Geld hat sich als die schlechteste Regierungsform erwiesen, die jemals Macht ausgeübt hat. Fast die gesamte Menschheit hat sich an dem Virus Gier nach Geld infiziert. Für wertloses bedrucktes

Papier, werden Werte, die Balsam für unsere Seele sind, verkauft. Geld ist nur ein Symbol und wird vollkommen überbewertet.

„Geld ist abstrakt für das menschliche Glück. Geld ist jenen gewidmet, die nicht mehr in der Lage sind das wahre menschliche Glück zu schätzen".
Quelle Arthur Schopenhauer

Geld ist neutral. Es liegt an uns, was wir daraus machen. Wenn wir andere an unserem materiellen Wohlstand teilhaben lassen, kann Geld sich als sehr segensbringend auswirken. Menschen, die das erkannt haben, sind ein Gewinn für die menschliche Gemeinschaft und werden mit wahrem inneren Reichtum beschenkt. Selbstloses Geben ist ein Weg um tiefere Energien und Einsichten zu gewinnen. Geld ist immer nur so schmutzig, wie die Hände, die es halten. Geld sollte immer im Fluss bleiben, gib es weiter, dann kann es seine Energie entfalten.

Was Du gerne und aus freien Stücken gibst, kehrt vermehrt zu Dir zurück. Geben macht in jedem Fall seeliger als Nehmen. Allein schon die strahlenden Augen, wenn Du ein Kind beschenkst, machen Dich glücklich. Was Du anderen schenkst und gönnst, gönnst Du auch Dir selbst.

14. Gedanken formen deine Wirklichkeit.

Du gestaltest deine eigene Realität durch die Worte die Du sprichst und durch die Gefühle, die Du damit verbindest. Unsere physische Welt entsteht aus unseren Gedanken, was bedeutet, dass unsere Realität eine Illusion ist. Durch unsere Gedanken beeinflussen wir unsere physische und mentale Gesundheit. Man kann daraus schließen, dass unsere Gedanken unsere Realität erschaffen. Wenn wir uns selbst beobachten und analysieren erklären sich unsere Verhaltensweisen von selbst. „Die Quantenmechanik hat entdeckt, dass unsere Wirklichkeit durch Beobachten entsteht. Das am häufigsten verwendete Experiment zur Veranschaulichung des Zusammenhangs zwischen Bewusstsein und unserer physischen Realität ist das Quanten-Doppelspalt-Experiment, das zeigt, dass die Beobachtung „das, was gemessen werden soll, nicht nur verändert, sondern auch erzeugt" Quelle Physik Essays 25, 2 (2012)

Durch unsere Gedanken entsteht die Wirklichkeit um uns herum. So ist beispielsweise jedes Haus, das gebaut wird, erst einmal im Kopf eines Architekten. Jede Materie ist aus dem Geist entstanden. Deshalb ist es enorm wichtig, auf deine Gedanken zu achten. Aufbauende, positive Gedanken formen ein positives Leben. Auf der anderen Seite ziehen Dich negative Gedanken herunter und bringen Unglück und Misserfolg. Jeder Mensch hat täglich um die 50.000 Gedanken. Höchstens 10 Prozent unserer Gedanken erfahren wir dabei bewusst. Über 90 Prozent unserer Gedankenströme registrieren wir nur ausnahmsweise und sie wandern meistens ungeprüft in das Unterbewusstsein.

„Wir sind, was wir denken.

Alles, was wir sind, entsteht aus unseren Gedanken.

Mit unseren Gedanken formen wir die Welt". Quelle Buddha Zitate

Wir sind geistige Wesen, die alles in ihrem irdischen Dasein manifestieren können, wenn sie ihre Energie und Kraft danach ausrichten.

Oft sind wir selbst unsere größten Kritiker. Niemand ist perfekt. Wenn wir unsere Erfolge zu schätzen lernen und weniger unsere Niederlagen als Wertmaßstab betrachten gewinnen wir an Selbstvertrauen. Wenn wir ins Vertrauen kommen öffnen sich Türen.

„Selbst die besten Taten und Praktiken führen zu Misserfolg, wenn die wahre Absicht dahinter nicht dem Wohle des Großen und Ganzen dient. Perfekt funktioniert es bei jenen, die den Spirit der Sache erfassen und diesen auch kompromisslos leben. Sie machen keine ‚Übungen' und wenden keine ‚Techniken' an. Sie sind zur Übung, zur Technik selbst geworden. Ihre Absicht ist die Vision einer friedlichen, glücklichen Gemeinschaft aller Menschen im gesamten Universum. Ihre Intention ist weitgehend unpersönlich und bedingungslos. Diese Menschen sind auch glücklich, wenn alles so bleibt wie es ist. Diese Menschen haben also keinen oder nur ganz geringen Widerstand gegen das, was ist". Quelle Bruno Würtenberger

Über die wirklich großen Wünsche in unserem Leben machen wir uns zu wenig Gedanken. Dabei ist es eine der elementarsten Fragen herauszufinden, was ich mir wirklich wünsche. Wenn ich meine Zukunft anders gestalten will, muss ich mich fragen, wer ich jetzt sein will. Unsere Schatten schmerzen, wenn wir beständig an unserer Selbstoptimierung arbeiten, lösen sich die Schatten mehr und mehr auf.

Jede schlechte Phase in deinem Leben geht einmal vorbei. Das Ganze Leben ist einem ständigen Wandel unterworfen. Auf Regen folgt Sonnenschein. Du musst auch nicht alle Probleme alleine lösen. Jeder Manager oder Spitzensportler hat wenigstens zwei bis drei Coaches, die ihn beraten.

Wir sollen der Jugend denken beibringen anstelle von Gedachtem. Was hilft es Schülern Formeln beizubringen, die sie spätestens drei Jahre nach dem Abgang von der Schule vergessen haben. An den Universitäten werden Protokolle gelehrt, statt die Studenten zum Denken zu erziehen. Es gibt so viele wichtige Dinge, die wir für unser Leben brauchen, die weder an Schulen noch an Universitäten gelehrt werden. Die Lebensprinzipien für ein glückliches Leben müssen wir uns auf andere Art und Weise aneignen.

Wir schicken nicht nur unsere bewussten Gedanken und Gefühle an das Universum, sondern auch die unbewussten.

15. Durch Aufmerksamkeit und Substitution können wir unsere Gedanken transformieren.

Von der Wiege bis zur Bahre, von früh bis spät, werden unsere Gehirne mit Werbung zugemüllt. Durch ständige Wiederholung glauben wir irgendwann selbst an die bizarrsten Lügen. Lügen bleiben Lügen, auch wenn wir an sie glauben. Werbung basiert genau auf dem Prinzip der gebetsmühlenartigen Wiederholung und wir wundern uns selbst, wie oft wir uns zu überflüssigem Konsumverhalten verleiten lassen. Wir sind jedoch der Macht unseres Unterbewusstseins nicht hilflos ausgesetzt und können mit Aufmerksamkeit und Substitution unserer Gedanken unser Unterbewusstsein verändern und steuern. Bewusst sein, bedeutet, dass wir alle Handlungen in unserem Leben bewusst erfahren und unsere Aufmerksamkeit danach ausrichten.

Wir sind auf Erden um eigene Erfahrungen zu machen. Was sich aufgrund meiner Erfahrungen für mich als richtig erweist, kann bei anderen grundfalsch sein. Jede Erfahrung lehrt mich etwas. Negative Erfahrungen sind wichtig, sie zeigen mir auf, dass etwas falsch läuft. Wenn wir Probleme erkannt haben, müssen wir etwas ändern, sonst kehren die Probleme immer wieder zu uns zurück.

Wäre unser Leben nur schön und harmonisch, dann würden wir uns nicht weiterentwickeln.

16. Aufrichtiger Glaube erzeugt Wirklichkeit.

Glauben heißt nicht wissen. Glauben bedeutet Vertrauen. Aufrichtiger Glaube ist ein Katalysator, der uns stark macht und magische Kräfte verleiht. Echter Glaube wirkt segenbringend, nur wenn er in Fanatismus ausartet, wirkt Glaube zerstörerisch. Unser Glaube kann im übertragenen Sinne Berge versetzten. Berge des Leids, Berge der Missgunst, Berge der Hoffnungslosigkeit, Berge des Unglücks oder Schuldenberge. So sprach Jesus im Matthäus Evangelium "Sei getrost, meine Tochter; dein Glaube hat dir geholfen. Und das Weib ward gesund zu derselben Stunde". Verbindest Du Deinen Glauben mit allumfassender Liebe, wird Dir ein Leben nach Deinem Glauben beschert. Alles, was Du glaubst wird wahr, Du musst nur felsenfest darauf vertrauen, dass es so kommt und jeden Zweifel im Keim ersticken. Glaube ist wichtig und wertvoll, hat aber wenig mit Institutionen, wie sie die großen Weltreligionen geschaffen haben, zu tun. Hier wird der Glaube als Mittel zum Zweck missbraucht, um eigene Interessen zu verfolgen. So wurden im Namen des Glaubens irrsinnige Verbrechen an der Menschheit verübt. Ich will nur auf die Kreuzzüge im Mittelalter, die Waffensegnungen im dritten Reich oder den Missbrauchskandal in der katholischen und evangelischen Kirche hinweisen.

Für die Realisierung unseres Glaubens ist das Wie nicht vorrangig. Entscheidend ist unser Urvertrauen, die Gewissheit, dass die Dinge genau so geschehen werden, wie sie unserem Glauben entsprechen. Dinge, die wir erzwingen wollen sind zum Scheitern verurteilt. Alles still in die Hände der Schöpfung legen, loslassen in dem Vertrauen, dass alles genau so kommt, wie wir es uns in unserer Vision ausgemalt haben.

17. Die Erbsünde, ein Märchen.

Weshalb ich von der Schöpfungsgeschichte, wie sie in der Bibel beschrieben ist und die lediglich auf Überlieferungen basiert, nicht überzeugt bin, möchte ich im Folgenden erklären.

"Gott sprach: Lasst uns Menschen machen nach unserem Ebenbild! (Quelle Genesis 1.26) Die Menschen hat er so erschaffen, wie sie sind, mit all ihren menschlichen Fehlern. Eine dieser Schwächen, die große Bedeutung erlangen sollte, ist die Neugierde. "Gott, der Herr, ließ auf dem Erdboden allerlei Bäume wachsen, begehrenswert anzusehen und gut zur Nahrung, und den Baum des Lebens in der Mitte des Gartens, den Baum der Erkenntnis des Guten und Bösen". (Quelle Genesis 2.9) „Gott, der Herr, gebot den Menschen und sprach: Von jedem Baum des Gartens darfst Du essen; aber vom Baum der Erkenntnis des Guten und Bösen, davon darfst Du nicht essen; denn am anderen Tag, da Du davon isst, musst Du sterben"! (Quelle Genesis 2.16-17) Woher sollten Adam und Eva wissen, was «Gut» und «Böse» ist, ohne dass sie vorher die Frucht «vom Baum der Erkenntnis von Gut und Böse» zu sich nahmen? Es kam, wie es kommen musste, die Menschen speisten von der verbotenen Frucht. Erst da konnten sie «Gut» von «Böse» unterscheiden. Erst da bemerkten sie, dass sie nackt waren. Gott der Allwissende hingegen bemerkte sofort, dass Adam und Eva in die sorgfältig vorbereitete Falle tappen würden, unwissend und unschuldig wie sie waren. Nun konnte er endlich seine drastischen Strafen verhängen. Gott, der Herr, sprach zur Schlange: Weil Du das getan hast, sollst Du verflucht sein unter allem Vieh und unter allen Tieren des Feldes! Auf deinem Bauch sollst Du kriechen, und Staub sollst Du fressen alle Tage deines Lebens! Zu Eva sprach er: Ich werde sehr vermehren die Mühsal deiner Schwangerschaft, mit Schmerzen sollst Du Kinder gebären! Nach deinem Mann wird dein Verlangen sein, er aber wird über Dich herrschen! Und zu Adam sprach er: Weil Du auf die Stimme deiner Frau gehört und gegessen hast von dem Baum, von dem ich Dir geboten habe: Du sollst davon nicht essen! — so sei der Erdboden verflucht um deinetwillen: Mit Mühsal sollst Du davon essen alle Tage deines Lebens! Im Schweiße deines Angesichts wirst Du dein Brot verdienen, bis Du zurückkehrst zum Erdboden, denn von ihm bist Du gekommen. Denn Staub bist Du, und zu Staub wirst Du zurückkehren! (Quelle Genesis 3.14-19)

Noch heute gebären Frauen unter Schmerzen. Noch heute müssen wir für unser Essen hart arbeiten. Weder hat Gott je die Menschen von dieser Sippenhaft befreit, noch hat der Tod Jesu hier eine Erleichterung gebracht. Die Menschen haben gegen Gottes Verbot verstoßen, von dem Baum der Erkenntnis von Gut und Böse zu essen. Das ist kein besonders schwerwiegendes Vergehen, weil erstens die Menschen Gut und Böse nicht kannten, und daher nicht schuldfähig waren, und zweitens sie dazu verführt wurden: Zum einen durch Gott selbst, der Ihnen die begehrenswerten Bäume vor ihre Nase pflanzte, zum anderen durch die Schlange, die Ihnen sagte, dass Ihnen nichts geschehen würde. Woher sollten die unschuldigen und unerfahrenen ersten Menschen wissen, dass die Schlange böse Absichten hegt? Sie kannten noch nichts Böses. Sie hatten keinen Grund, der Schlange weniger zu vertrauen, als Gott. Sie waren in keiner Weise schuldfähig. Die Menschen müssen nun sterben. Der erste Fall von Todesstrafe! Die Strafe trifft nicht nur die Täter, sondern auch ihre Kinder und Kindeskinder, bis zum heutigen Tag. Das ist Sippenhaft! Es bleibt die Frage unbeantwortet, wieso Gott die Menschen in Versuchung geführt hat. Warum hat er die verbotenen, begehrenswert anzusehenden Bäume mitten im Garten Eden gepflanzt, statt gar nicht, oder wenigstens irgendwo außerhalb, wo die Menschen nicht hinkamen? Mit dieser unsinnigen Geschichte begründen die Christen das Märchen der Erbsünde. Das alles ist eine Erfindung der Bibelschreiber, um den Menschen ein schlechtes Gewissen zu machen. Wenn nämlich das Märchen der Erbsünde widerlegt ist, wozu ist Jesus dann noch am Kreuz gestorben? Die ganze Heilsgeschichte des Christentums fällt wie ein Kartenhaus in sich zusammen, weil das Fundament, die Erbsünde, auf einem Märchen basiert.

„Wer glaubt, ein Christ zu sein, weil er die Kirche besucht, irrt sich. Man wird ja auch kein Auto, wenn man in eine Garage geht". Quelle Albert Schweitzer

18. Nimm alles so an, wie es ist.

Die Pharisäer brachten eine Frau, die beim Ehebruch ergriffen worden war, stellten sie in die Mitte und sagten zu Jesus: Herr, diese Frau ist auf frischer Tat beim Ehebruch ergriffen worden, zu was sollen wir sie verurteilen. Jesus erwiderte »Wer unter euch ohne Sünde ist, werfe den ersten Stein auf sie!« Mit diesem Gleichnis verdeutlichte uns Jesus Christus, dass wir über andere nicht urteilen oder richten sollen, weil wir selbst als Menschen niemals fehlerlos sind.

Buddha hat uns offenbart "Nimm alles an was ist". Das soll uns lehren, dass wir alles so annehmen sollen, wie es ist. Annehmen ist der erste Schritt, gleichgültig, ob Dir etwas gefällt oder nicht. Wir suchen immer im Außen nach Antworten, schieben anderen die Verantwortung für Dinge zu, die uns passiert sind. Wenn wir statt im Außen zu suchen nach Innen gehen, mit unserem Unterbewusstsein in Kontakt treten, finden wir die Antworten auf alle Fragen. Die Verantwortung für dein Leben hast alleine Du selbst. Erkenne Dich selbst, darin liegt deine Lebensaufgabe. Nur wer sich selbst kennt, kann auch die richtigen Entscheidungen für sein eigenes Leben treffen. Wir sind alle eins und kommen aus derselben Quelle. Sind wir von etwas zutiefst überzeugt, ohne jeden Zweifel, so wird unser Glaube irgendwann Realität. Wenn wir im Außen suchen geben wir die Macht unseres Glaubens an andere weiter. Wir müssen uns selbst Bewusst werden, was wir nur in uns selbst finden können. Unser Dilemma ist, dass wir Glaubenssätze von anderen annehmen und damit uns selbst begrenzen. Annehmen heißt auch, andere so nehmen wie sie sind. Jeder hat das Recht auf eine eigene Meinung. Andere versuchen zu missionieren schafft nur Unfrieden. Wenn andere nicht genau wissen wollen was geschieht, akzeptiere es einfach. Auch ich darf authentisch sein, wie ich bin, mit allen Ecken und Kanten. Auch bei Krankheiten ist Annehmen der erste Schritt. Wir müssen uns mit Krankheiten nicht identifizieren. Sich fragen wofür diese Krankheit der Auslöser ist, zeigt uns den Weg, wie wir die Krankheit heilen können.

"Niemand rettet uns, außer wir selbst. Niemand kann und niemand darf das. Wir müssen selbst den Weg gehen". Quelle Buddha Zitate.

Es gibt keine Begrenzungen, mit unserem Geist, unserem wahren Selbst, sind wir in der Lage auch scheinbar unmögliche Dinge zu leisten. Ob Positives, oder Negatives, vom Universum erhalte ich genau dass, was ich ausstrahle. Stress findet nur in uns Selbst statt, das trifft auch für real existierende Dinge zu. Stress zeigt uns immer etwas an. Beobachte, schau hin und nicht weg, so gewinnst Du wertvolle Hinweise für dein Leben.

Wir müssen Gesetzmäßigkeiten des Lebens in uns aufnehmen und sie wirklich fühlen, dann folgen automatisch stimmige Entscheidungen. Im Leben sind wir entweder erfolgreich, oder wir lernen aus den Lektionen des Lebens.

19. Selbstliebe ist der erste Schritt zur bedingungslosen Liebe.

Bevor Du überhaupt zur bedingungslosen Liebe fähig bist, musst Du dich selbst lieben. Jesus Christus hat gelehrt "Liebe deinen Nächsten wie Dich selbst". Alles beginnt immer bei Dir selbst, sonst verliert es an Wirkung. Du fängst bei Dir an, gehst in die Eigenverantwortung und gibst eine Vorbildfunktion für andere ab. Wer sich nicht selbst liebt, kann unmöglich dieses Gefühl an andere Menschen weitergeben. Selbstliebe steht auch nicht im Widerspruch zur bedingungslosen Liebe. Gerade der Umstand, dass Du zur bedingungslosen Liebe fähig bist, kann ein Meilenstein zur Selbstliebe und Selbsterkenntnis sein. Dabei wirst Du in die Lage versetzt, deine eigenen Fehler zu erkennen und zu akzeptieren. Wenn Du Dich für die bedingungslose Liebe entschieden hast bist Du nicht blind vor Liebe. Du siehst bei deinen Mitmenschen sehr wohl die Fehler, hast aber nicht das geringste Problem damit und kannst ohne weiteres verzeihen. Sobald Du Dich der bedingungslosen Liebe geöffnet hast, wirst Du frei von allen Umständen. Eine bedingungslose Liebe schützt jedoch nicht vor Enttäuschungen. Doch wenn Du Enttäuschungen als das betrachtest was sie sind, dass die Zeit der Täuschung vorbei ist, wirst Du auch damit klarkommen. Alles verstehen, heißt alles verzeihen können. Andere Menschen bedingungslos zu lieben ist die offenste und ehrlichste Form von Liebe, weil wir diese Menschen dann genauso lieben, wie sie nach ihrem Wesenskern sind. Bedingungslose Liebe fordert Akzeptanz, ohne irgendeine Form von Gegenleistung zu erwarten. Akzeptanz ist ein wichtiger Baustein für Veränderung.

"Die Welt gehört denen, die sich trauen, nicht nur durchs Leben zu wandeln, sondern auch zu kämpfen, fühlen, erleben und mit Entschlossenheit zu lieben". Quelle Charles Chaplin

Wir sind auf Erden um die Liebe zu verbreiten. Wenn wir lernen alles zu lieben und unseren Fokus danach ausrichten, sehen wir die Welt mit anderen Augen. Wenn Du Dich dem Leben schenkst, schenkt sich Dir das Leben. Je öfter Du Dich gut fühlst, desto öfter erkennst Du das Gute.

20. Das menschliche Ego ist der Auslöser für alles Leid.

"Das Ego will mehr Geld, mehr Leistung, mehr Liebe, mehr von allem. Das menschliche Ego ist nach der buddhistischen Lehre der Auslöser für alles Leid der Welt. Je mehr die Menschen besitzen, desto gieriger werden sie. Wenn Du Dein Ziel erreicht hast, fällst Du erneut in ein tiefes Loch. Egal wonach Du strebst, es ist niemals genug. Du kannst im Leben niemals ankommen, daher ist der Weg das Ziel. Immer höher, schneller und weiter zu wollen ist ein Irrweg. Ein aberwitziger Verteilungskampf hat dazu geführt, dass ein Prozent der Menschheit mehr als die Hälfte des weltweiten Vermögens besitzt. Glück ist das einzige was sich verdoppelt, wenn man es teilt.

Unsere Gesellschaft erzählt Dir wer Du bist. Wir identifizieren uns mit äußeren Dingen, unserer Ausbildung, unserem Beruf oder unserer Familie. Wenn Dein Bewusstsein sich mit Deinem Denken identifiziert, bindet es Dich an eine soziale Konditionierung. Endlose Muster von Vergnügen und Vermeidung von Schmerz sind vereinigt, in krankhaften Verhaltensweisen, unserer Arbeit, unserer Beziehungen, unseren Überzeugungen, unserer ganzen Art zu leben. Wir leben das Leben eingesperrt in begrenzten Mustern, gefüllt mit großem Leid. Die Person, zu der man heranwächst, ist eine Maske, die vom Bewusstsein getragen wird. Wenn Menschen aufwachen identifizieren sie sich mit ihrem Charakter und glauben nicht mehr an die Masken, mit denen sie aufgewachsen sind. Die meisten Menschen sind nicht bereit das Bekannte aufzugeben, selbst dann nicht, wenn sie Wahrheiten erfahren. Es gibt aber noch eine andere Welt, die sich jenseits des dualistischen Verstandes befindet. Wenn wir uns selbst erfahren wollen, müssen wir unsere Aufmerksamkeit weg von unseren Schatten und hin zum Licht richten. Wenn Du Dich mit deinem Schein-Selbst identifizierst, dann schläfst Du. Sobald Du dagegen kämpfst, um der Illusion zu entkommen, behandelst Du die Illusion als Wirklichkeit und Du wirst ewig vor deinen Schatten davonlaufen. Du kannst niemals wirklich frei sein, denn wo Du auch hingehst dein Gefängnis ist immer da. In einem Extrem sind die Menschen mit dem materiellen Selbst identifiziert, am anderen Ende des Extrems steht das Erlöschen des Selbst. Wenn wir weniger Leid erfahren bedeutet das nicht, dass das Leben frei von Schmerzen ist. Es gibt eine andere Welt ohne die Ich-Bezogenheit. Das in uns wohnende Selbst ist zeitlos, unveränderlich, immer da, im Hier und Jetzt. Vieles kann von unserem Verstand nicht erfasst werden, weil der Verstand aus der Dualität entstanden ist. Von René Descartes, dem Vater der westlichen Philosophie stammt die Aussage "Ich denke, also bin ich". Descartes Irrtum war der Irrtum fast aller Menschen, die Gleichsetzung von grundlegendem Sein mit dem Denken. Stattdessen beschrieb Descartes die bestehende Möglichkeit eines bösen Dämons, der uns unter dem Schleier einer Illusion hält. Descartes hat diesen bösen Dämon nicht als das erkannt, was er war. Wie in dem Film "Die Matrix" könnten wir alle an ein aufwendiges Programm angeschlossen sein, das uns eine illusorische Traumwelt vorgaukelt. Die Menschen wollen immer außerhalb von sich selbst die Schuld für den Zustand der Welt finden. Es gibt einen Controller, eine Maschine und einen bösen Dämon, der Dich Tag für Tag auslaugt. Diese Maschine bist Du. Wir verbringen viel Zeit und Energie damit, unsere Gefängnisse zu dekorieren und erliegen dem Druck unsere Masken zu verbessern. Unsere Wünsche sind endlos und können nie vollständig befriedigt werden. Die Befreiung kommt durch das Loslassen aller Absichten des Selbst. Sonst werden wir nie herausfinden, was die Seele wirklich zum Ausdruck bringen will. Deine wahre Natur ändert sich nie. Es ist dein Ruhepol, die Quelle deines Seins. Nicht mein Wille, sondern der höhere Wille geschehe. Kämpfen ist eine Illusion, im äußeren

Kampf kannst Du niemals erfolgreich sein. Entweder identifizierst Du Dich mit deinen Ego-Rollen, oder Du erwachst und wirst frei. Lasse jeden Widerstand los, weil deine Freiheit nicht vom Äußeren abhängt. Der Kampf ist Teil einer kollektiven Wahnvorstellung. Wir sagen wir wollen saubere Luft, aber verschmutzen sie weiter. Wir wollen unsere verborgenen Teile nicht sehen. Es ist ein Irrglaube nichts an der Art und Weise zu verbessern, wie wir auf diesem Planeten vorgehen und zu glauben die Welt ändert sich von selbst.

Die Revolution muss in unserer inneren Welt beginnen. Das ganze Chaos in der Welt wurde durch unseren Verstand erschaffen. Die Welt scheint Licht ohne Dunkelheit, Glück ohne Traurigkeit zu wollen. Je mehr der Verstand involviert ist, werden Lösungen zu einem größeren Problem, als das was gelöst werden soll. Wogegen Du Dich wehrst, das bleibt bestehen. Trotz aller Bemühungen steigt die Häufigkeit von Krebs oder der Hunger in der Welt. Wir verfügen über große Macht doch besitzen wir nicht die Weisheit sie zu nutzen. Wir verstehen weder den menschlichen Verstand, noch kennen wir seine angemessene Rolle. Unser Ego Denken hat uns der Fähigkeit beraubt die Weisheit uralter Kulturen zu erkennen und zu leben. Die Heiligkeit des Lebens erkennen wir nicht mehr. Dabei sind die heiligen Lebensregeln tief im Wesen jedes Menschen versteckt. Unser begrenztes Selbst ist von den uralten Heilregeln abgetrennt worden. Es gab noch nie so viel Wissen in der materiellen Welt. Trotzdem waren oder sind wir noch nie so ignorant bezüglich dessen wer wir sind und wie wir leben. Wir verstehen die Mechanismen nicht, mit denen wir Leid kreieren. Unser Denken hat die Welt so erschaffen wie sie jetzt ist. Unser Ego oder eigene Interessen stehen Lösungen im Wege. Wir müssen nicht für den Frieden kämpfen, sondern die Wahrheit herausfinden. Unser Ego ist gewalttätig und führt zur Spaltung durch mein und dein. Ohne Ego gibt es keinen Krieg, keine Übervorteilung der Natur aus Gewinnstreben. Die externen Krisen in der Welt spiegeln eine schwere innere Krise wider. Wir sind von unserer wahren Natur abgeschnitten. Jede Gruppe verstärkt die Ego-Interessen und behauptet ihre Wahrheit wäre die einzig richtige. Polarisierende Glaubenssysteme verstärken die Trennung und Spaltung auf der Welt. Das wahre Maß eines Menschen ist, mit welchem Maß und Sinn er die Befreiung vom Selbst erlangt hat. Wir müssen unseren Verstand in den Dienst des Herzens legen. Unser Ego urteilt

ununterbrochen und ist für das unendliche Leid auf der Erde verantwortlich. Finde heraus wer Du bist. Die meisten Leute denken sie wären, frei, bewusst und erwacht. Untersuche dein Leben ohne Dich selbst zu belügen. Brauchst Du noch Vergnügen und Zeitvertreib? Urteilst Du oder bist Du völlig erfüllt in der Stille? Suchst Du noch Zustimmung? Die meisten Menschen werden noch in 10 Jahren ihre Roboter-artige Natur bewahren. Sie stecken im Tiefschlaf, sind in einem Traum verloren. Der erste Schritt zum Erwachen ist zu erkennen, wir sind mit Masken verbunden. Wir sind vollkommenes Sein und leben nur in der Illusion ein Mensch zu sein. Unsere bewusste Unvollkommenheit manifestiert sich in der menschlichen Existenz. Krankhaftes Denken gilt als normales Leben. Die Wahrheit liegt tief in deinem Wesen begraben. Es ist kein Maß von Gesundheit einer zutiefst krankhaften Gesellschaft zugehörig zu sein".
Quelle „Maya, die Illusion des Selbst"

21. Der Weg zur Befreiung führt von der Verstandesebene zur Herzenergie.

Dein Verstand greift auf Erfahrungen zurück, die dich in deiner Vergangenheit geprägt haben. Unser Verstand ist geprägt von Glaubenssätzen, die Dich daran hindern dein wahres Selbst zu leben. Oft sind es Prägungen aus deiner Kindheit, Traumatisierungen die Du erst auflösen musst, bevor Du den Weg deines Herzens beschreiten kannst. Neue wissenschaftliche Erkenntnisse aus der Quantenphysik haben aufgezeigt, dass unser Herz eine etwa fünftausend Mal so starke Energie freisetzt als unser Verstand. Die Forscher sprechen auch von einer eigenen Herzintelligenz. Bevor andere Organe im Mutterleib sich entwickeln, bildet ein menschlicher Embryo das Herz aus. Die Liebe ist ein Grundbaustein des Universums. Viele Menschen haben Angst davor, ihr Herz zu öffnen. Zentriere Dich auf dein Herz und vertraue der Schwingung, die dabei entsteht. Je höher dein Herz schwingt, desto stärker ist die Heilkraft aus deinem Herzen heraus. Wenn dein Leben mit deinen Wünschen sich nicht im Einklang befindet, frage Dich woran es hakt. Versuche den Weg zu finden, dass dein Herz wieder strahlt.

22. Marktwirtschaft pure entbehrt die soziale Verantwortung.

Die sozialen Netzwerke bewahren die Menschen in Deutschland vor einem vollkommenen Absturz. Die größte Errungenschaft nach dem Zweiten Weltkrieg ist die soziale Marktwirtschaft. Marktwirtschaft pure entbehrt jeder sozialen Verantwortung und zwingt die untere Schicht der Bevölkerung zu einem harten Kampf ums Überleben. Doch das soziale Netz ist bis zum Zerreißen gespannt. Die Rücklagen für unsere Rentenversicherung sind aufgebraucht und es ist unabdingbar, dass endlich alle Bürger ihren Beitrag für die Alterssicherung übernehmen. Der soziale Konsens, den Gewerkschaften, Betriebsräte und Arbeitgeber geschaffen haben, muss unter allen Umständen erhalten bleiben, sonst sind soziale Konflikte in unserer Gesellschaft unvermeidlich. „Eine staatlich organisierte Sozialversicherung wurde beispielsweise in Thailand erst 1990 geschaffen. Die Beiträge und Leistungen für Arbeitslose, Kranke und Rentner sind sehr niedrig. Monatlich werden fünf Prozent des Einkommens für die gesamte Sozialversicherung von Renten-, Unfall- und Arbeitslosenversicherung abgeführt. Nach mindestens 180 Monaten Beitragszahlung erhält ein Rentner nur 15 Prozent seines durchschnittlichen Verdienstes als Rentenleistung. Bei einem durchschnittlichen Einkommen von 400 Euro monatlich sind das 60 Euro, wovon auch in Thailand niemand mehr ein menschenwürdiges Leben finanzieren kann". Quelle Sozialversicherung in Thailand   Die meisten für uns selbstverständlichen sozialen Leistungen, wie die Lohnfortzahlung im Krankheitsfall, bezahlten Urlaub und Urlaubsgeld sind für die wenigsten Arbeitnehmer in Thailand Standard, außerdem beziehen sie Einkommen, die gerade ausreichen um nicht verhungern zu müssen. Wir haben daher in Deutschland allen Grund über unsere sozialen Leistungen dankbar zu sein. Gute soziale Bedingungen machen uns glücklicher und gesünder.

„Dankbarkeit kostet nichts und tut Gott und den Menschen wohl". Quelle Wikipedia

Es ist kein Geheimnis dass Teilen glücklicher macht, als Besitztümer anhäufen. Mir sind in meinem Leben häufig bitterarme Menschen begegnet, die bereit waren auch das „letzte Hemd" zu teilen. Wer bedingungslos liebt gibt immer gern und ist von jeder Form des Geizes befreit. Meist lieben wir eher die charmanten Lügner und Heuchler, statt unsere Kritiker, die uns oft die Wahrheit ungeschminkt ins Gesicht sagen, woraus wir am meisten lernen könnten.

„Wenn wir auch der Schmeichelei keinen Glauben schenken, der Schmeichler gewinnt uns doch. Einige Dankbarkeit empfinden wir immer für den, der sich die Mühe gibt, uns angenehm zu belügen". Quelle Marie von Ebner-Eschenbach

23. Die freie Natur zeigt uns Wege auf.

Wer die ganze Pracht und Vielfalt des Lebens erfassen will, der braucht nur die Wunder in der freien Natur zu erleben. Die Blätter eines Laubbaumes sehen von weitem alle gleich aus. Bei näherer Betrachtung fällt auf, dass jedes einzelne Blatt sich von den anderen Blättern unterscheidet. Auch jeder Mensch ist in Aussehen, Form oder Charakter von allen anderen Menschen verschieden, also einzigartig. Wenn wir unseren Fokus nicht nur auf das Äußere richten, sondern in uns gehen, können wir Kraft und Energie tanken. Die Natur bietet uns ein Kraftwerk, das uns jederzeit als Ausgleich dient.

In der Hetze und dem Stress unseres modernen Lebens, haben wir den Kontakt zur Quelle, dem göttlichen Funken verloren. Jeder Mensch hat seine eigenen Vorstellungen von Glück und Fülle. Viele versuchen mit Meditation, durch bewussten Ausschluss des Denkens, den Weg zu finden, der zu unserem Herzen führt. Leider hört die überwiegende Mehrheit der Menschheit mehr auf ihren konditionierten Verstand als auf den Ruf ihres Herzens. Man sieht nur mit dem Herzen gut, wie es Antoine de Saint-Exupéry in seinem Buch "Der kleine Prinz" so wundervoll ausgedrückt hat.

Wir sind alle Geistwesen und doch glauben wir kaum etwas, was nicht in der sichtbaren Welt vor sich geht. Wer feinfühliger besaitet ist und Dinge außerhalb unserer sichtbaren Welt wahrnimmt, wird in unserer Gesellschaft ausgelacht oder sogar als schizophren angesehen. Dabei sind es gerade die sensiblen und feinfühligen Menschen die mit ihren Visionen und Ahnungen Anregungen zu neuen Erfindungen und Entdeckungen liefern. Genie und Wahnsinn gehen fließend ineinander über.

Für den Frieden zu kämpfen ist wie für die Stille zu trommeln. Heute wird gegen fast alles Krieg geführt. Krieg gegen Terror, Krieg gegen Krankheiten, Krieg gegen Drogen. Jeder Krieg ist ein Krieg gegen uns selbst und schafft noch mehr Leid. Krieg ist Wahnsinn pure. Wir wollen angeblich Frieden schaffen und produzieren dafür immer mehr Waffen. Die Rollen werden vertauscht, Wettrüsten wird als Friedenssicherung verkauft. Wir belügen uns selbst. Aggressionen und Kriege sind nicht Teil der menschlichen Natur. Sie entstehen durch den Missbrauch der menschlichen Intelligenz und seiner Vorstellungskraft. Wenn wir unsere Intelligenz ohne den ausgleichenden Faktor des Mitgefühls entwickeln, kann uns das ins Unglück stürzen. Wenn wir aus unserem Herzen handeln, Wissen und Bildung anwenden, werden wir unsere Entscheidungen mit den Rechten und Ansichten anderer abwägen. Konflikte werden dann durch die Überwindung von Hass und Aggressionen gelöst. In der freien Natur sich bewegen und der Kopf wird klar. Wenn wir aufmerksam wandern, sehen und hören wir die Wunder und beginnen die Schöpfung zu begreifen und zu verstehen.

24. Erkenne Dich selbst, der Weg zu deiner Befreiung.

Der Weg zur Befreiung führt im ersten Schritt zur Selbsterkenntnis. Wer sich selbst kennt, kann alles, wozu er bestimmt ist, in seinem Leben verwirklichen. Das Potenzial, das in jedem einzelnen Menschen steckt, zu heben, bringt Erfüllung und Glück in unser Leben. Dem Ruf seines Herzens zu folgen, ist den Sinn des Lebens zu begreifen. Buddha hat es so ausgedrückt "Der Weg liegt nicht im Himmel. Der Weg liegt im Herzen". Selbsterkenntnis steht jedem Menschen offen.

Im Hier und Jetzt bewusst jeden Augenblick wertschätzen. In freier Natur die unbeschreibliche Vielfalt und Verbundenheit zu allem Leben erfahren. Jeder Tag bietet Naturschauspiele, wo allein schon das Beobachten Kraft und Energie verleiht. Zu fühlen wie beim Sonnenaufgang die Natur zu neuem Leben erwacht. Nachts vom Sternenhimmel ein Gefühl von

Harmonie und Unendlichkeit empfangen. Wer nicht an Wunder glaubt, erkennt noch nicht einmal, dass er selbst ein Wunder ist. Alles Lebendige auf Erden ist so perfekt gestaltet, dass nur ein völliger Ignorant eine höhere Ordnung, die hinter allem steckt, verneinen kann. Auf unserer Erde ist alles im Überfluss vorhanden, es wird nur falsch verteilt. Wahre Stärke liegt im Verzicht.

Folge deinen Impulsen. Richte dein Denken an Vorbildern aus, die den Weg schon vor Dir gegangen sind. Was andere erreicht haben, ist auch für Dich machbar. Je mehr ich selbst kenne, desto mehr verstehe ich auch andere Menschen.

25. Der Weltfrieden beginnt bei Dir selbst.

Wenn wir schon wegen unterschiedlichen Auffassungen aufeinander losgehen, wie soll sich da unsere Welt friedlich entwickeln? Wir können zum selben Thema unterschiedlicher Auffassung sein. Mit unseren Augen nehmen wir nur das wahr, was wir sehen wollen und hören nur dass, was wir hören wollen. Die Meinung anderer sollten wir akzeptieren und tolerieren. Wir müssen die Meinung anderer nicht teilen, erhalten jedoch aus unterschiedlichen Auffassungen wertvolle Erkenntnisse. Wenn Du eine bestimmte Verhaltensweise bei Dir selbst nicht entschuldigen kannst, ist das noch lange kein Grund von anderen Menschen, mit anderen Erfahrungen, identisches Verhalten einzufordern. Mit seinen Nachbarn in Frieden leben, selbst Vorbild werden und sein persönliches Handeln am Weltfrieden ausrichten ist ein gangbarer Weg.

Man kann die Welt und die anderen nicht ändern, wenn Du etwas verändern willst, beginnt das immer bei Dir selbst. Wir wollen nicht aus unserer Komfortzone heraus, weil uns das Sicherheit und Zufriedenheit vermittelt. Die Herausforderungen des Lebens können wir nur dann meistern, wenn wir den Sprung ins Unbekannte wagen und darauf vertrauen, dass wir aufgefangen werden. Wenn wir die Welt verändern wollen, müssen wir aktiv werden. Auf Veränderungen zu hoffen und selbst alles beim Alten zu lassen kann nicht funktionieren. Lass Dich niemals brechen, sonst gibst Du deine Macht an andere weiter. Löse Dich von Fragen der Schuld und gehe in die Eigenverantwortung. Finde Gleichgesinnte, die Dich unterstützen, damit der Ball ins Rollen kommt.

26. Gelassenheit verbindet Dich mit deinem Inneren.

Kein Mensch ist perfekt. Die Bereitschaft bei sich selbst und allen anderen auch mal fünf gerade sein zu lassen bringt Gelassenheit in unser Leben. Fehler akzeptieren und daraus lernen. Unser Verstand unterliegt einer permanenten Manipulation. Werbung von früh bis spät vernebelt unsere Gehirne. Die moderne, schnelllebige Zeit hat sich zu einer Subkultur entwickelt, die uns keinen Halt bietet. Den permanenten Ablenkungen unseres Lebens können wir am besten begegnen, indem wir achtsam und bewusst im Augenblick leben.

Zurück zu unseren Wurzeln, alte Kulturen dienen uns als Leuchtturm und Wegweiser. Wenn wir mehr unserem Herzen folgen als unserem manipulierten Verstand, sind wir auf dem richtigen Weg. Wahrer Reichtum wohnt nur in unserem Geist. Die wesentlichen Werte wie Ehre, Stolz, Wahrheit, Treue, Nächstenliebe, Mitgefühl, Freundschaften, sind mit Geld nicht zu bezahlen.

Eine gerechte Verteilung der Ressourcen und einen umfassenden Weltfrieden gibt es aus meiner Sicht erst dann, wenn statt Geld Liebe die Welt regiert.

Das einzige Konstante im Leben ist die Veränderung. Erstens kommt es anders und zweitens als man denkt, beweist, dass man sein Leben nicht am Reißbrett planen kann.

Die Liebe ist der Schlüssel zu allem. Liebe bringt Gesundheit, Glück und Harmonie in unser Leben. Bedingungslose Liebe bringt Erfüllung.

Eine stabile Gesundheit ist die wertvollste Voraussetzung um ein glückliches Dasein zu realisieren. Gesundheit ist zwar nicht alles, aber ohne gute Gesundheit ist alles nichts!

Frage Dich wie Du Gelassenheit lebst, was Dir gut tut, spüre was Du brauchst und entwickle Gewohnheiten daraus. Wir gehen durch die

Schule des Lebens, um immer mehr Aspekte unserer eigenen
Vollkommenheit kennen zu lernen.

27. Dankbarkeit verändert dein Leben zum Positiven.

Seid dankbar für jeden Tag und genießt euer Leben. Unser Leben ist ein
Wunder, unsere Existenz ist das größte Geschenk, das es gibt. Es ist alles
bereits vorhanden, was wir zum Leben brauchen. Es ist nie zu spät unser
Leben zu verändern. Für uns selbst, alle Lebewesen und für unseren
Planeten, Mutter Erde, werden dann Fülle, Harmonie und Frieden
selbstverständlich. Wenn wir helfen, wo wir können, Solidarität und
Mitgefühl leben, gehen wir goldenen Zeiten entgegen. Jeder Mensch ist
einzigartig und hat besondere Gaben und Talente, die gefördert und nicht
länger unterdrückt werden dürfen. Wenn wir in Möglichkeiten leben, statt
in Begrenzungen, können wir das Beste aus unserem Leben machen.

"Unsere Zeit ist begrenzt, also verschwendet sie nicht damit,
das Leben eines anderen zu leben. Lasst Euch nicht von Dogmen in die
Falle locken. Lasst nicht zu, dass die Meinungen anderer deine innere
Stimme erstickt. Am wichtigsten ist es, dass Du den Mut hast, deinem
Herzen und deiner Intuition zu folgen. Alles andere ist nebensächlich".
Quelle Steve Jobs

Je mehr Menschen aufwachen, Selbsterkenntnis erlangen und ein
bewusstes Leben führen, desto schneller verwirklichen sich paradiesische
Verhältnisse auf unserer Erde. Es liegt in unserer eigenen Verantwortung
alle Kraft und Energie in uns neu auszurichten um dazu beizutragen, dass
sich die Wünsche und Träume aller Menschen verwirklichen. Das Leben ist
immer für Überraschungen gut. Auch wenn Wünsche sich aus heutiger
Sicht nicht erfüllen lassen so kann sich das Blatt schnell wenden. Das
Schlimmste was man machen kann ist seine Träume aufzugeben. Träume
sind dazu da, sie zu verwirklichen, auch wenn es nicht von heute auf
morgen geschehen kann.

Erkennen führt zu einem höheren Licht. Hingabe ist das Gegenteil von
Kontrolle. Botschaften des Lebens lesen lernen, die uns oft durch
synchrone Schwingungen offenbar werden. Werde einfühlsamer, schaffe

Vertrauen und höre auf dein Herz. Demut leben, auf den anderen eingehen.

Dankbarkeit ist der beste Mentor für unser Leben. Wir schauen immer auf das, was andere haben, statt dankbar für das zu sein, was wir haben. Auf unserer Erde haben Millionen von Menschen nicht genug zu essen, keinen Arbeitsplatz, der sie ernährt oder leben in Kriegsgebieten. Allein schon die Tatsache, dass wir in einem Land aufgewachsen sind, wo die Grundbedürfnisse für die überwiegende Mehrheit gestillt sind, ist mehr als ein Grund um Dankbarkeit zu empfinden.

Sei dankbar dafür zu sein, dass Du bist, als Mensch mit Bewusstsein existierst. Sich gegen Millionen anderer Samenzellen zu behaupten und ins Leben zu treten, ist ein großartiges Geschenk.

Alles wofür ich dankbar bin erzeugt Glück.

28. Mitgefühl ist ein wichtiger Baustein für eine bessere Welt.

Liebe ist fühlbar, verletzlich, dadurch entsteht Mitgefühl. Visionen sind mit Herausforderungen verbunden. Es wird sichtbar, was noch im Weg steht. Wir können alles zum Positiven wenden. Motiviere Dich selbst. Schreite auf deinem Lebensweg mutig voran. Wenn Du Gutes in die Welt aussendest kehrt Wohlbefinden in Dir ein. Es ist sehr viel mehr möglich, als Du Dir vorstellen kannst.

Liebe dein Leben, dann wirst Du zur besten Version von Dir selbst und Du erfüllst damit eine wesentliche Voraussetzung um die gesamte Menschheit in eine glückliche Zukunft zu führen.

Das ganze Leben ist ein Spiel, wir sollten nichts überbewerten und uns selbst und alle anderen Mitspieler nicht allzu ernst nehmen. Wir sind hier um glücklich zu sein. Leben und leben lassen ist die richtige Antwort auf die Herausforderungen des Lebens.

Das Gefühl für den Wert und die Würde jedes Menschen schafft Zuneigung und Mitgefühl, eine Verbindung die uns Kraft und Energie verleiht ein besseres Leben für die gesamte Menschheit zu realisieren.

Wenn es uns gelingt das wertzuschätzen und zu wollen was wir haben, entsteht Dankbarkeit und Glück.

29. Als ich mich selbst zu lieben begann von Charles Chaplin

Zu guter Letzt noch das Gedicht **"Als ich mich selbst zu lieben begann",** was auf wundervolle Weise die Transformation beschreibt.

Als ich mich selbst zu lieben begann,
habe ich verstanden, dass ich immer und bei jeder Gelegenheit,
zur richtigen Zeit am richtigen Ort bin
und dass alles, was geschieht, richtig ist –
von da an konnte ich beruhigt sein.
Heute weiß ich: Das nennt man **Selbstvertrauen.**

Als ich mich selbst zu lieben begann,
konnte ich erkennen, dass emotionaler Schmerz und Leid
nur Warnungen für mich sind, gegen meine eigene Wahrheit zu leben.
Heute weiß ich: Das nennt man **authentisch sein.**

Als ich mich selbst zu lieben begann,
habe ich aufgehört, mich nach einem anderen Leben zu sehnen
und konnte sehen, dass alles um mich herum eine Aufforderung zum Wachsen war.
Heute weiß ich: Das nennt man **Reife.**

Als ich mich selbst zu lieben begann,
verstand ich, wieso es schadet, zu versuchen,
eine Situation oder einen Menschen zu zwingen, nur um das zu bekommen,
was ich will, obwohl ich weiß, dass der Moment oder die Person (vielleicht ich selbst)
einfach noch nicht dazu bereit ist.
Heute weiß ich, der Name dafür ist: **Respekt.**

Als ich mich selbst zu lieben begann,
habe ich mich von allem befreit, was nicht gesund für mich war,

von Speisen, Menschen, Dingen, Situationen
und von Allem, das mich immer wieder hinunterzog, weg von mir selbst.
Anfangs nannte ich das „gesunden Egoismus",
aber heute weiß ich: Das ist **Eigenliebe.**

Als ich mich selbst zu lieben begann,
habe ich aufgehört, mich meiner freien Zeit zu berauben,
und ich habe aufgehört, weiter grandiose Projekte für die Zukunft zu
entwerfen.
Heute mache ich nur das, was mir Spaß und Freude macht,
was ich liebe und was mein Herz zum Lachen bringt,
auf meine eigene Art und Weise und in meinem Tempo.
Heute weiß ich: Das nennt man **Einfachheit.**

Als ich mich selbst zu lieben begann,
habe ich aufgehört, immer recht haben zu wollen,
so habe ich mich weniger geirrt.
Heute habe ich erkannt: Das nennt man **Demut.**

Als ich mich selbst zu lieben begann,
habe ich mich geweigert, weiter in der Vergangenheit zu leben
und mich um meine Zukunft zu sorgen.
Jetzt lebe ich nur noch in diesem Augenblick, wo alles stattfindet,
so lebe ich heute jeden Tag und nenne es **Bewusstheit.**

Wir brauchen uns nicht weiter vor Auseinandersetzungen,
Konflikten und Problemen mit uns selbst und anderen fürchten,
denn sogar Sterne knallen manchmal aufeinander
und es entstehen neue Welten.
Heute weiß ich: **Das ist das Leben**!

Quelle Charles Chaplin

Printed in Great Britain
by Amazon

80222766R00031